इत्तेफ़ाक़ से
ITTEFAQ SE

अन्नू राय

क्रम-सूची

प्रस्तावना

इत्तेफाक से 1 कविताओं की किताब है जो अन्नू राय द्वारा लिखी गई है, इस किताब में सभी तरह के कविताएं उपलब्ध है|रोमांचक, परिश्रम,प्यार धोखा,मां-बाप की अहमियत जैसे कई कविताएं इस किताब में है|

पावती (स्वीकृति)

"सभी को बहुत-बहुत धन्यवाद इस आधुनिक युग में मेरी किताब को चुनने के लिए।खुशी हुई यह जानकर कि आज भी कुछ लोग किताबों, शायरी, ग़ज़लों, कविताओं को पढ़ने में रुचि रखते हैं।इत्तेफाक से एक कविताओं की किताब है, जो अन्नू राय द्वारा लिखी गई है पर इसमें कई लोगों का हाथ है।सबसे पहले तो मैं अपने माता पिता को धन्यवाद करना चाहूंगी, जिन्होंने मुझे समझा साथ ही साथ मुझे और ज्यादा लिखने के लिए बढ़ावा भी दिया।मेरा पूरा परिवार जिन्होंने इसे सहायक बनाने में मेरी मदद की।मेरे शिक्षकों के आशीर्वाद के बिना यह संभव नहीं था।मेरी दोस्त जिन्होंने हमेशा मुझे लिखने के लिए प्रेरित किया है और मैं यह चाहती हूं कि जो भी इन कविताओं को पढ़ें यह उनके लिए सहायक साबित हो.........
-अन्नू राय"

आमुख

"

इत्तेफ़ाक़ से

अन्नू राय
"

1. अनमोल वरदान

जो सोचते हैं वो अक्सर होता नहीं, जो नहीं सोचते वही हो
जाता,
लिखना सच मूच बड़ा मुश्किल है,
पर दिल का कलम सब कुछ लिख डालता|
आंखों देखी तस्वीर को,
अपने शब्द में बनाती हूं,
इस कागज पर ही मैं अपने,
दिल के जज्बात बताती हूं|
शब्द चुनना बड़ा मुश्किल है,
पर मन में अपने आप आ जाते हैं,
लिखने के लिए बस एक दिल की जरूरत है,
कलम अपने आप चल जाते हैं|
शायद मेरी ये रचना किसी को ना भाए,
पर मेरे लिए बड़ी खास है,
मेरी ये कविताएं|
शायद अगर हम लिखते नहीं,
तो दिल का सैलाब कभी बह नहीं पाता,
मिटकर अंदर ही अंदर,
जिंदा होकर भी जिंदा रह नहीं पाता|
हर आंसू को सैलाब बना,
मैंने कागज पर बहा दिया है,
वीणा धारिणी ने मुझको लिखने का,

इत्तेफ़ाक़ से

बड़ा ही अनमोल वरदान दिया है

2. बात दिल की

किससे कहोगे बात दिल की,
हर कोई यहां समझदार नहीं है।
बातें तो सब करते हैं निभाने की,
पर हर कोई यहां वफादार नहीं है।
बाहर से तो सब अच्छे हैं,
पर अंदर से किरदार नहीं है।
जो गरीब की मजबूरी समझ ले,
अब वो रही सरकार नहीं है।
हर किसी पर कर सको विश्वास,
ऐसा कोई इंसान नहीं है।
बेटी की शादी के बाद,
बाप भी बेटी का हकदार नहीं है।
इतना सुनने के बाद भी,
अब तू कहां भटक रहा है,
ठोकरें खाकर इतने भी समझ नहीं पाया तू,
कि तेरे दिल में बचा किसी के लिए प्यार नहीं है।
किससे कहोगे बातें की,
हर कोई यहां समझदार नहीं है।
रिश्ते भी दिमाग से निभाते हैं लोग,
कौन बताए उन्हें की रिश्ते व्यापार नहीं है।
बेटे चाहे कुछ भी कर सकते,
पर बेटियों को सारे अधिकार नहीं है।

मिले सब प्रेम से यहां,
ऐसा आब कोई परिवार नहीं है|
किससे कहोगे बात दिल की,
हर कोई समझदार नहीं है|
(किसी और का)

3. तूने क्या समझा उसे

उड़ने के सपने देखें, पर काट दिए पंख पहले ही,
चाहत को खिलौना समझ तोड़ देने को कर दिया।
जिम्मेदारी नहीं उसे समझौता बनाया,
जानकर सबकुछ फिरभी अनदेखा बनाया|
वो तो फिर भी प्यार से तेरा तिलक करेगी निकला जो तू
काम पर,
पर मांग भरकर जो तूने कसमें खाई थी,
तूने उन कसमों को भी झूठा बनाया|
क्यों दहेज की मांग कर खरीद लिया तूने उसे,
जिंदा रहते मार दिया ऐसी हालत बना दी,
मैं उस औरत से पूछती हूं क्यों तू उस गद्दार से वफा की|
बांध दिया उसे कह दिया घर का ध्यान रख,
क्यों उसे कामकाज में लगा दिया,
क्यों उसे हर वक्त हर चीज के खातिर झुका दिया,
एक बेटी जब पत्नी बनती है तो पिता का साथ पति में
ढूंढती है,
वही जब उसे जंजीरों में बांधकर ताने देगा,
क्या कोई बाप अपनी बेटी देना चाहेगा?
क्या कसूर था उसका शायद वो उसके काबिल नहीं था,
अक्सर अंतिम राह पर लोग छोड़ जाते हैं,
पर हर सितम सह पर जीना पड़ता है,
दिल के अरमानों को आंसुओं में बहाकर, उस तन्हाई को

भी सहना पड़ता है।
बेवफाई और तन्हाई शायद तुझे सवारने आई थी,
बेहद भरोसा जो तूने सब पर किया था शायद तुझे बचाने
आई थी,
जिंदगी-ए-मौत से बेहतर सीधे मौत देने आई थी,
जीते जी मरने से अच्छा तुझे आखिर में मारने आई थी।

4. प्यार से हथियार

"इश्ख-प्यार या धोका,

समझ किसी को न आए,

उसके दिल को कोई कैसे पहचाने,

जो चेहरे पे चेहरा लगाए, "

चाहत की कमी ना होगी,

कोई और नया मिल जाएगा,

पर दिल में मेरे हर लम्हा बस,

एक तू ही तू याद आएगा|

किस्मत ने मारा है किस्मत से कैसे लड़ु मैं,

अब बेवफा ज़ालिम से वफा कैसे करूं मैं?

चोट लगी जो दिल में,

तो तूने ही आग लगाई,

उजाड़ दी वो दुनिया,

जो हमने मिलकर थी बसाई|

तुझको पा लिया तो जैसे दुनिया मिल गई है,

दिल की सारी तन्हाई बस सोच के मिट गई है|

कि दिल में इश्क करने का ख्याल है दोबारा,

दिल को है डर कहीं टूट जाए ना फिर से ये सहारा|

ना चैन से जीने देती है ना चैन से मरने देती है,

यह मोहब्बत हर बार अपनी कसम देकर रोक लेती है|

"गोलियां भी तुमने चलाई खून भी तूने बहाया,

छोड़ दी थी उस वक्त पता चलता जब,
कि तुम प्यार से हथियार बना दोगे,
ना कोई गलती ना कोई गुनाह,
बस तुमसे इश्क करने की सजा दोगे।...."

5. बेटियां

कंधों पर है भार बड़ा,

परिवार को संभालना,

बेटों की तरह बेटियों को भी,

दुनिया का सच बताना।

बेटियों को अधिकार से,

वंचित किया जाता है,

पल में ही अपना,

पल में पराया बनाया जाता है।

याद रखना जब भी मुसीबतों की घड़ी आएगी,

बेटा बहाने मार देगा लेकिन बेटियां एक आवाज पर दौड़ी
चली आएगी।

हर दर्द की दवा वह सब के तरीके आजमाएगी,

खुद को भी मार देगी पर बेटियां ही काम आएगी।

क्यों कहा जाता है बेटियां पराई है,

क्यों कहा जाता है वह किसी और घर से आई है।

बेटा जहां चाहे घूमे पर बेटी चारदीवारी में,

बेटा चाहे कुछ भी पहने पर बेटी तन ढके साड़ी में।

पराया धन बोलकर,

बेच दिया गैरों को,

क्यों खुद एक पिता नहीं रख सकता अपनी बेटी को,

क्यों सौंप दिया गया उसे औरों को।

उड़ना भी पिता ने सिखाया,

और पंख काटा उसी ने,
बचपन में अपना बोलकर,
पराया माना उसी ने|
रानी की तरह पली जो मायके में,
वही ससुराल में ताने सुनती है,
हर काम काज सब कुछ संभाले वो,
दुनिया फिर भी बेटियों को भी गलत कहती है|
इनाम भी उसको,
जब वो पैरों में दबी रहे,
इल्जाम भी उसको,
जब वो अपनी मर्जी की करें|
ना कोई चाहत ना कोई सपना,
परिवार में लुटा दिया सब,
ना कोई आस,ना कोई खुशी,
परिवार में ही भुला दिया सब|
अब क्या सुनना चाहती है मुझसे,
आखरी बात कहती हूं,
तू खुद है अलग तू खुद को ना परख,
गैरों को छोड़कर तू खुद को समझ|
गैरों को छोड़कर तू खुद को समझ|

6. हकीकत जरूर दिखेगा

अपने चेहरे से नकाब हटा कर देखो, हकीकत जरूर
दिखेगा।

माया रूपी घुंघट निकाल कर देखो, हकीकत जरूर दिखेगा।

जिस झूठ को सच मानकर तूने अपनी जिंदगी काटी है,

उस झूठ से परदा जरूर हटेगा,

अपने चेहरे से नकाब हटा कर देखो, हकीकत जरूर
दिखेगा।

बहुत हो गया प्यार धोखा अब इन सब को त्याग कर
देखो, हकीकत जरूर दिखेगा।

जंजीरों में बंधना क्या,उसे तलवार से काट कर देखो
हकीकत जरूर दिखेगा।

कलम को अपने हस्ताक्षर के लिए सिर्फ नहीं,विद्या का भी
हथियार बना कर देखो हकीकत जरूर दिखेगा।

औरों की ना सुनकर खुद की सुनकर देखो हकीकत जरूर
दिखेगा।

मंजिलों तक सफर मुश्किल पर हर कदम को ताकतवर
बना कर देखो, हकीकत जरूर दिखेगा।

अपनी बोली से मृद वचनों की जगह एक बार दहाड़ कर
देखो,हकीकत जरूर दिखेगा।

चाहत रूपी पर्दे को एक झलक गिराकर देखो,हकीकत जरूर
दिखेगा।

अपने चेहरे से नकाब हटा कर देखो हकीकत जरूर दिखेगा।

7. देखने वालों ने क्या क्या नहीं देखा है?

देखने वालों ने क्या क्या नहीं देखा?
देखने वालों ने क्या क्या नहीं देखा?
बदली ये दुनिया मिनटों में,
हर वक्त बदलता ये संसार देखा|
देखने वालों ने क्या क्या नहीं देखा?
हर प्यार में नफरत और नफरत में प्यार,
सुरूर भी दिल को वही दिलाए जिससे हो तकरार|
या रंग रूप का कोई फर्क नहीं,
पर जज्बात बात का भी मोल नहीं,
यहां दया भावना ना होती तो,
दिल से भी कठोर नहीं|
कटे हुए कपड़े पहन कर,
मॉडर्न हो गए खुद,
दूसरों की तरह दिखने को,
खो बैठे सुध-बुध|
खुद को समझे बड़े गुणवान,
पर गुण कहां से लाए?
छिपकर वार करे चोरों जैसे,
वो वीर कहां कहलाए?
कोई नहीं मिलता यहां,

चलो जब सच के रास्ते,
दोस्त भी बन जाते दुश्मन,
यहां कोई नहीं है किसी के वास्ते|
चाहे लोग कितना भी बदले,
तू अपने मन से ना बदलना,
लोग चाहे कितनी बुराई करें,
तू खुद को कभी उनसे ना परखना|
तूने भी देखा है,हमने भी देखा है,
बदली यह दुनिया मिनटों में
हर वक्त बदलता है ये संसार देखा है,
देखने वालों ने क्या क्या नहीं देखा है?
देखने वालों ने क्या क्या नहीं देखा है?

8. शादी की रस्में

शादी की रस्में ये है,

रीति है रिवाज़ या परंपरा,

हक है जिम्मेदारी या ज़बरदस्ती।

कोई ना जाने मन क्या कहे,

बस मान लिया इसे एक हथकड़ी,

मंडे तक बांध रखो बिना किसी जन्म के,

खुद से भी ज्यादा ख्याल रखो किसी का घड़ी घड़ी।

हाथ में हाथ डालकर सौंप दिया जाता है,

किसी पराए को,

शर्म की बात है अगर

वही उसे ना अपनाएं तो।

मेल मिलाव से होती है,

इस बंधन की शुरुआत,

भाई अगर दिल एक दूसरे को,

तभी तो आगे बढ़ेगी बात।

भाग्य में लिखा जिसका जिससे साथ,

कुंडली के वचनों से ही सौंपा जाता हाथ।

अनोखी होती है बड़ी अंगूठी की रस्म,

पहनाकर अंगूठी हाथों में,

खाते साथ निभाने की कसम।

हल्दी में पीला होता प्यार का रंग,

लगाकर इसे रस्मों की दूसरी पहलू सुलझती है,
उस रंग की तरह जगमगाए जीवन का हर पल,
इसी कारण तो यह हल्दी चेहरे पर लगती है|
मेहंदी आती फिर संगीत,
सब बनते इसका हिस्सा,
शादी से पहले इन रस्मों का,
खत्म होता यही किस्सा|
सब नाच गान से मिलकर,
खुशियों को भी बुलाते हैं,
हाथों में लाली दिखती है,
जब मेहंदी को भी रचाते हैं|
बड़े प्यार से आता है वो दिन,
आतिशबाजीयों को साथ लेकर,
ढोल नगाड़े संग में लाता,
पटाखों की आवाज लेकर|
सज धज कर जाते हैं लोग,
अपने मातम को गले लगाने,
एक दूसरे को फूलों से गुंथी,
जीवन की वरमाला पहनाने|
सात फेरों से बंधा जीवन का यह बंधन,
ले आता संग में यह नए बोझ नई उलझन|
जाना तो एक दिन वही है
जिस घर भाग ले जाए,
अपनी मर्जी की चलती नहीं यहां,
जोड़ियां तो रब पहले से ही बनाए|
अग्नि को साक्षी मानकर लिए सात वचन,
किसी पराई इंसान के लिए छोड़ दिया दामन|

आता है समय फिर विदाई का,
जब बारिश आंसुओं की रुकती नहीं,
इतनी पीड़ा रहती है अंदर,
कि खुलकर आंसू भी निकलते नहीं|
बाबुल की दुआओं को संग लेकर,
मायके में अपना साथ छोड़कर,
ससुराल को फिर 1 दिन चले जाना है,
बाबुल की गलियां यह तेरी,
कुछ दिन का ही ठिकाना है|
खत्म होता यही इन रस्मों का सिलसिला,
पन इन रस्मों ने है मिलकर सब को लूटा,
कोई पछताते तो कोई खिल जाते,
इसमें किसी को कभी नहीं है छोड़ा|
फिर कहती हूं याद रखना भूलना मत यह बात,
जिंदा है जो उसे भी एक दिन मरना है,
कितने भी नकार ले तू तुझे मैं 1 दिन शादी करना है|

अध्याय 9

वह मां है जो 9 महीने तक हमें दुनिया से छुपा कर रखती
है,
दुनिया के हर नजर से बचा कर रखती है,
वह मां है जो हर दर्द से जाती है,
वह मां है जो हमारे चोट लगने पर दौड़ी चली आती है|
मां से हमें पता चलता है ममता की छांव कितनी बड़ी
होती है,
हमारे चेहरे पर मुस्कुराहट लाकर खुद छुपकर जो रोती है|
क्योंकि वो जानती है कि वो रोएगी तो मैं भी रो जाऊंगी,
दिल के जख्मों को छुपा कर हमारी खुशी का कारण बन
जाती है,
फिर भी दुनिया मां की ममता नहीं पहचान पाती है|
मां के बिना ममता की छांव हट जाती है,
बाप के अपनी भी खुशियां देदे लेकिन मां के बिना दुनिया
बिखर जाती है,
जिनकी मां है उनको गम है क्या,
उनसे पूछो जिनको मां की बहुत याद आती है|
मां के बिना कौन खाना खिलाएगा,
लोरी सुना कर कौन थकान मिटाएगा,
जब भी जिक्र उस ममता का होता है ना जाने क्यों आंख
भर आती है,
सच कहूं तो मैं अभी भी छोटी हूं, इसलिए तो मां तेरी

बहुत याद आती है।
इसलिए तो मां तेरी बहुत याद आती है।

10. निगाहें

नैन, निगाहें, नैना कितने नाम है उसके,

पर हर किसी के कहने का अंदाज अलग होता है,

वो तुझे तुझसे ज्यादा प्यार करता है,

जो तेरे नैनों से अकसर अंजान होता है।

लोगों के लिए वो एक शब्द,

जो मन लुभा दे,

मेरे लिए तो निगाहें वो है जो हटाए न हटे ऐसी तस्वीर बसादें।

निगाहें वो है, जिससे नज़र के साथ नज़रिया भी बदलता है,

निगाहें वो है, जो हमारे चेहरे की खुबसूरती बढ़ाती है,

अंजाने में ही सहीं पर चाहने वाले से मुलाकात कराती है।

निगाहें वो है जो बंद होने पर सपने दिखाती है,

और खुल जाने पर उड़ना सीखाती है।

जुर्म कराती भी है, जुर्म दिखाती भी है,

पर अंतिम सफर तक साथ निभाती भी है।

सच को ये छुपा नहीं पाती,

झूठ को ये बचा नहीं पाती,

चेहरा झूठा बन सकता, पर आँखे नहीं,

मन ये चोरी कर सकता पर निगाहें नहीं।

किस्मत वाले है वो लोग जिन्हें ये मिलती है,

वरना बहुत की आँखे, आँखों के लिए तरसती है।

शरीर के सभी अंग में से ये नैन सबसे जुदा है,
चीनी निगाहों से दिखते परमात्मा, खुदा है।
ये बंद हो गई तो साँसे किस काम की,
तेरी मरज़ी पे इन्हें बंद करूंगी,
ये निगाहें भी अब तेरे नाम की।
ये निगाहें भी अब तेरे नाम की।

11. नारी पर कमजोर

नारी पर कमजोर नहीं

आभिमान की बात कर रहीं हूँ,

उस सम्मान की बात कर रही हूँ,

जो बरसों पहले तूने खो दी थी, जीती मंजिल हार गई थी।

किसी के चले जाने से दिन में अंधेरा नहीं आता,

काँटे होते मगर फूलों को कोई न पाता।

हाँ एक मुस्कान चली जाती है,

इसका मतलब ये नहीं की जीने की वजह नहीं मिल पाती

है|

अपने सपनों को छोड़कर क्यों दुनिया की बात सुननी है,

दुनिया ज़ालिम है जनाब किसी के हालात नहीं समझती है|

साम-दाम-दंड-भेद सब के तरीके तू आज़मा,

पर इतना याद रख किसी के आगे तू सर ना झुका|

माना मंजिल दर्द भरी पर रुकना नहीं है तुझे,

हार के इस दुनिया से थकना नहीं है तुझे|

तू अपने जज़्बात छुपा कर रखती है,

तू क्यों अपने हालात बयां नहीं करती है?

खो गया एक तारा तो तू क्या जीना छोड़ देगी,

अपनी जिंदगी की हकीकत से कैसे मुंह मोड़ लेगी?

तेरे अभी भी दो सहारे हैं,

तेरे बच्चों ने तेरे भरोसे कितने सपने सवारे हैं|

सोच ज़रा सोच तू चली जाएगी तो उनका क्या होगा?

पिता का साया तो मिला नहीं,

मां की ममता से भी बेसहारा होगा|

तेरी हिम्मत है तेरे बच्चे,

तुझे उनके लिए जीना है,

अब गुज़रे हालातों के कारण,

समाज के ताने नहीं सहना है|

खुशी नहीं तो दर्द भी ना हो,

चल तू अपने कदमों के निशान बना,

आंसुओं को हथियार बनाकर, तू अपना सम्मान बना|

यह कैसा मेरा देश है,

जहां सिखाए की स्त्रियों का सम्मान करो,

पर वही जब विधवा हो जाए,

तब भरी सभा में उसका अपमान करो|

एक आखरी बार कहती हूं,

मत चल तू दुनिया के साथ,

चाहे कुछ भी कोई बोले,

तू खुद पर एक बार कर विश्वास|

याद रख तू खुद अकेली नहीं, तुझ पर किसी का जोर नहीं,

मुंह तोड़ जवाब दे सबको, कि तू नारी भले पर कमजोर

नहीं|

12. उसकी मुस्कान

कुछ ऐसी थी उसकी मुस्कान,

की हो गए हम फिदा,

उसकी आंखों ने किया ये कैसा जादू,

होश गुम हो गए, दिल हो गया बेकाबू|

हाथों की लकीर ने शायद हमको मिलाया,

तकदीर भी नहीं निकली बेवफा,

हर बार जो सितम दिया हमको,

उस दर्द से आज आजाद किया|

उसकी मुस्कान आंखों से हटी नहीं,

उसकी हंसी में हर खुशी मिल गई,

तनहाई में भी प्यार महसूस हुआ,

जो उसकी याद सामने आ गई|

सीने में दफन हर राज उस मुस्कान ने खोल डाला,

मुस्कुराहट पर अपने,जहां को कदमों में बसा डाला|

हर रास्ता उसकी मुस्कान से रंगीन नजर आता,

उसकी मुस्कान से फूल खिल जाते,

चांद की चांदनी भी उससे पर्दा नहीं कर पाती,

उसके नूर के आगे नजर हटाना भी बड़ा मुश्किल,

निगाहों से ऐसा वार किया कि वो बन गई हमारी कातिल|

टकराना तो शायद हमारा पहले से ही मंजूर था,

जो किसी अंधेरे बेचैन दिल को रोशनी दे दे उसकी आंखों

में वो नूर था|

पहली दफा में ही उस पर प्यार आ गया था,

स्वागत को उसके सारा संसार आ गया था|

श्रृंगार की सुंदरता फीकी है उसके सामने,

खूबसूरती से कहीं ज्यादा खूबसूरत है वो,

उसकी कातिलाना मुस्कान में वो जादू था,

जुल्फों से छूकर जो निकली

उसकी दिलचस्प अदाओं में वो जादू था|

प्यार का मौसम था, हमारी मुलाकात को बेहतर बनाने

बारिश आ गई,

न जाने कहां चली गई अपने तरफ बढ़ाकर,

उसकी मुस्कान हमारी जान ले गई,

भींगे भींगाते हर तरफ उसकी मुस्कान से टपकी की बारिश

की बूंदे,

जो सीधी मेरे दिल को भिंगा ले गई|

जो सीधी मेरे दिल को भिंगा ले गई|

13. जिंदगी

ये जिंदगी है सुहाना सफर पर कांटे भरे,

हर कदम पर चुभेंगे कांटे जो दुख के रस्ते पैर रखे,

आसनी से मंजिल मिलती नहीं यहां,

सबकी राजशाही चलती नहीं यहां,

हर कदम कदम पर ताने मिलेंगे,

फूलों के साथ कांटे मिलेंगे,

रंगों के साथ बेरंग मिलेंगे,

आग के साथ छाले मिलेंगे|

मरना एक दिन जरूर है,

पर हर इम्तिहान को पार करके ही मरना है,

खा लिया जो काम करने को,

अब स्वर्ग जाने तक भी करना है|

आंसुओं को इस गड्ढे में दबाकर रखना पड़ता है,

हर चाहत हर सपने को मिटा कर जीना पड़ता है,

जीत और हार की ये है लड़ाई,

यहां बाजीगर वह नहीं जो झुक जाए,

बल्कि मंजिल उसकी है जो मौका मिलते वार कर जाए|

छोटी छोटी चीजों में खुश रहना पड़ता है,

कभी-कभी जीतने को हार भी सहना पड़ता है,

यहां हर वक्त खुशियां नहीं मिलती,

दर्द के समुंदर में तैरना भी बढ़ता है

इसलिए तो इसका नाम ज़िंदगी है,
ज़िंदगी जो किसी की ना सुने जो किसी के लिए ना रुके,
इसलिए तो इसका नाम ज़िंदगी है|

• 26 •

14. शिद्दत वाला प्यार

बड़ी चाहत है तेरे खातिर,

दिल धड़कता है तेरे खातिर,

मौका मिले तो तुझपे अपना सब कुछ लुटा दू,

तुझे अपनी आदत बना लू या तुझे शिद्दत बना लू|

तुम तक मेरी हर बातें,तुझसे शुरू और तुझपर खतम भी,

तेरे नाम से जोड़ रखा है अपना नाम, अब तू बेशर्म समझे

या दीवाना तेरी मर्जी|

तेरी हर मुलाकातों की यादों को मैंनें छुपाकर रखा है,

ये धड़का दिल मैंनें कितने सालों से दबाकर रखा है।

कितना हसीन होता वो पल,

तेरे मेरे सिवा इस जहाँ में कोई नहीं, इन आसमानों , इन

चाँद सितारों पे,

बस तेरे मेरी दरमियाँ और कोई नही।

क्या लिखु तेरी खुबसूरती को,

इस कलम की औकात ही क्या है,

काबिल मैं तो क्या कोई नहीं तेरे लायक,

तेरे एक इशारे पर ही तो टिका ये सारा जहाँ है|

किसी को गुलाब पसंद है तो किसी को शराब पसंद है,

सच कहूं तो हमें तो बस पसंद हो तुम,

तुमको बारिश पसंद है मुझको बारिश में तुम|

तुमको बारिश पसंद है मुझको बारिश में तुम|

15. इश्क है तू मेरा

दिल को मेरे पहली दफा,
आज प्यार हुआ है,
न जाने क्यों कैसे ,
मेरी धड़कनों को एहसास हुआ है।
नजर ना लग जाए,
तुझको मेरे प्यार की,
कैसे बताऊं तुझको,
मजबूरी है हालात की।
क्या कहूं उसके बारे में,
उसकी हर बात गजब है,
सच कहूं तो कोई नहीं पर,
उसमें बात कुछ तो अलग है।
अनजाने में ये दिल, तेरा शिकार हुआ है,
न जाने क्यों कैसे,
मेरी धड़कनों को एहसास हुआ है।

16. क्या यही प्यार है?

शायद जो सोचती हू,

हो या न पुरा हो,

लेकिन दुआ बस इतनी है,

जब भी पूरा हो, तुम मेरे साथ रहो।

शायद कुछ फरेब कुछ धोके से भरा है,

पर प्यार इस दिल में कही न कही से उमड़ पड़ा है।

तेरी ओर खींची चली जाती हूं,

जब भी मन अकेला होता है,

मेरी बातों का सिलसिला एक तुझपर ही ख़तम होता है।

इन लबों पर बस एक तेरी ही नाम है,

तुझपर ही टीकी मेरी हर सुबह शाम है।

अपना है तु या बेगाना है,

दिल से अब भी मेरी अनजाना है,

हकीकत है या कोई फसाना है,

फिर कैसे कहु कि तु मेरा दीवाना है।

खदसे खुदको तड़पा बैठे है हम,

तु कितना बड़ा कातिल हैं,

इसके गवाह बैठे हैं हम ।

तेरे दर्द पर दर्द मुझे होता है,

नजाने ये कैसा एहसास है,

दिल अब एक जगह कही टिकटा नही,

क्या यही प्यार है?

क्या यही प्यार है?

17. निगाहें

नैन, निगाहें, नैना कितने नाम है उसके,

पर हर किसी के कहने का अंदाज अलग होता है,

वो तुझे तुझसे ज्यादा प्यार करता है,

जो तेरे नैनों से अकसर अंजान होता है।

लोगों के लिए वो एक शब्द,

जो मन लुभा दे,

मेरे लिए तो निगाहें वो है जो हटाए न हटे ऐसी तस्वीर बसादें।

निगाहें वो है, जिससे नज़र के साथ नज़रिया भी बदलता है,

निगाहें वो है, जो हमारे चेहरे की खुबसूरती बढ़ाती है,

अंजाने में ही सहीं पर चाहने वाले से मुलाकात कराती है।

निगाहें वो है जो बंद होने पर सपने दिखाती है,

और खुल जाने पर उड़ना सीखाती है।

जुर्म कराती भी है, जुर्म दिखाती भी है,

पर अंतिम सफर तक साथ निभाती भी है।

सच को ये छुपा नहीं पाती,

झूठ को ये बचा नहीं पाती,

चेहरा झूठा बन सकता, पर आँखे नहीं,

मन ये चोरी कर सकता पर निगाहें नहीं।

किस्मत वाले है वो लोग जिन्हें ये मिलती है,

वरना बहुत की आँखे, आँखों के लिए तरसती है।

शरीर के सभी अंग में से ये नैन सबसे जुदा है,
चीनी निगाहों से दिखते परमात्मा, ख़ुदा है।
ये बंद हो गई तो साँसे किस काम की,
तेरी मरज़ी पे इन्हें बंद करूंगी,
ये निगाहें भी अब तेरे नाम की।
ये निगाहें भी अब तेरे नाम की।

लेखक परिचय

"इत्तेफाक से अन्नू राय द्वारा लिखी गई है, अन्नू देवघर झारखंड की रहने वाली है।पिता अमरजीत राय और माता आरती राय की पुत्री अन्नू राय ने इस किताब को लिखा है और वह यह आशा करती है कि इस किताब में लिखी गई कविताएं दूसरों के लिए सहायक साबित हो और उनके मनोरंजन में कोई कमी ना रहे।
"